BEI GRIN MACHT SICH IHR WISSEN BEZAHLT

- Wir veröffentlichen Ihre Hausarbeit, Bachelor- und Masterarbeit

- Ihr eigenes eBook und Buch - weltweit in allen wichtigen Shops

- Verdienen Sie an jedem Verkauf

Jetzt bei www.GRIN.com hochladen und kostenlos publizieren

Kim Marie Wunsch

Der Mörder Grenouille (Das Parfum) im Vergleich zu Jack the Ripper und Charles Manson

GRIN Verlag

Bibliografische Information der Deutschen Nationalbibliothek:

Die Deutsche Bibliothek verzeichnet diese Publikation in der Deutschen National-
bibliografie; detaillierte bibliografische Daten sind im Internet über http://dnb.d-
nb.de/ abrufbar.

Impressum:

Copyright © 2012 GRIN Verlag GmbH
Druck und Bindung: Books on Demand GmbH, Norderstedt Germany
ISBN: 978-3-656-30399-2

Dieses Buch bei GRIN:

http://www.grin.com/de/e-book/204040/der-moerder-grenouille-das-parfum-im-
vergleich-zu-jack-the-ripper-und

GRIN - Your knowledge has value

Der GRIN Verlag publiziert seit 1998 wissenschaftliche Arbeiten von Studenten, Hochschullehrern und anderen Akademikern als eBook und gedrucktes Buch. Die Verlagswebsite www.grin.com ist die ideale Plattform zur Veröffentlichung von Hausarbeiten, Abschlussarbeiten, wissenschaftlichen Aufsätzen, Dissertationen und Fachbüchern.

Besuchen Sie uns im Internet:

http://www.grin.com/

http://www.facebook.com/grincom

http://www.twitter.com/grin_com

Der Serienmörder Grenouille aus Patrick Süskinds Roman „Das Parfum" im Vergleich mit Charles Manson und Jack the Ripper

Facharbeit | Kurs G163 | Q1

Inhaltsverzeichnis

1 Einleitung

„ Die Geschichte eines Mörders „ so steht es im Untertitel des von Patrick Süskind verfassten Romans „ Das Parfum". Im Mittelpunkt der Kriminalgeschichte stehen der Junge Jean Baptiste Grenouille und die Auflösung eines rätselhaften Verbrechens.

Der Roman handelt von dem Protagonisten Jean-Baptiste Grenouille, der 1738 in Frankreich ohne jeglichen Körpergeruch auf die Welt kommt, dafür jedoch mit einem höchst ausgeprägten Geruchssinn. Für die Herstellung seines eigenen Körpergeruches wird er im Laufe des Romans zum Mörder. Nach einer schwierigen Kindheit, ohne Liebe und Freundschaft, geht er in die Lehre bei dem weltbekannten Parfümeur Baldini. Er beginnt alle Gerüche in sich aufzunehmen und zu speichern. Eines Tages nimmt er in Paris einen neuen Duft war, den er einem jungen Mädchen zuordnen kann. Er sucht, findet und tötet sie, um ihren Geruch intensiver in sich aufzunehmen. Daraufhin begibt er sich auf eine Reise außerhalb von Paris. Die Menschen ekeln ihn an, genauso wie er die Menschen anekelt mit seinem Äußerem. Deswegen verbarrikadiert er sich sieben Jahre lang in einem Vulkanberg. Danach beginnt er eine Serie weiterer Mädchenmorde, die ihn zu seinem perfekten Parfüm führen soll. Dies ist ihm gelungen, da er mittels der „kalten Enfleurage" den Körpergeruch aus Menschen extrahieren kann.

In meiner Facharbeit gehe ich der Frage nach, worin die Motivation und Ursache von Grenouilles Verhalten liegen. Darüber hinaus untersuche ich Charles Manson und Jack the Ripper zwei weitere Serienmörder und vergleiche sie mit Grenouille. Ich habe aus dem Grund diese Beiden Mörder gewählt, da mich Beide sehr interessieren und ich gerne herausfinden möchte ob so unterschiedliche Menschen Gemeinsamkeiten haben können. Außerdem möchte ich erläutern, was einen Serienmörder kennzeichnet und wieso die Gesellschaft ein enormes Interesse an der Geschichte von so genannten „Serienkillern" hat.

2 Definition der drei Mördertypen

Massenmörder, Spree-Killer oder Serienmörder, all diese Unterscheidungen gibt es erst seit Anfang der achtziger Jahre. Zuvor wurden alle Mörder von den Statistikern als „Mehrfachmörder" bezeichnet.

Die Massenmörder sind heutzutage sehr selten und kennzeichnen sich dadurch, dass sie eine Vielzahl von Personen, der Durchschnitt liegt bei circa 4, in kurzer Zeit an ein und demselben Ort töten. Massenmörder interessieren sich nicht für die Identität ihrer Opfer, daher sind sie meist zufällig ausgewählt.

„Der Spree-Killer bringt in einem kurzen Zeitraum mehrere Opfer an verschiedenen Orten um. Diese Verbrechen ergeben sich aus einem einzigen Geschehen und ihre Abfolge kann sich eine gewisse Zeit hinziehen."[1]

Als Letztes gilt es noch den wohl bekanntesten Mördertypen zu beschreiben, der Serienmörder. Der Serienmörder tötet meist drei Menschen, diese tötet er jedoch an klar voneinander abgegrenzten Orten und zu weit auseinanderliegenden Zeiten. Dieser Typus tötet nicht ohne eine genaue Vorstellung seiner Opfer zu haben (zum Beispiel kleine Mädchen) .

---

[1] http://serien-killer.com/000000968e12bbe54/000000968e136445c/index.html

3

3 Vorstellung der drei Mörder

3.1 Der Mörder Grenouille in Patrick Süskinds Romas „Das Parfum"

„Er, Jean-Baptiste Grenouille, geboren ohne Geruch am stinkendsten Ort der Welt, stammend aus Abfall, Kot und Verwesung, aufgewachsen ohne Liebe, lebend ohne warme menschliche Seele, einzig aus Widerborstigkeit und der Kraft des Ekels, klein, gebuckelt, hinkend, häßlich, gemieden, ein Scheusal innen wie außen [...]"[2] glaubt und hofft durch ein Parfum, welches er selbst kreiert, seine Eigenschaften, die ihn zum Außenseiter machen, überdecken zu können. Und von der Gesellschaft akzeptiert zu werden. Seit seinem zwölften Lebensjahr hat sich sein Leben und sein Lebensziel äußerst verändert. Am 1 September 1753, dem Jahrestag der Thronbesteigung des Königs erwürgte Grenouille ein junges Mädchen. Er nahm mit seinem wichtigsten Organ, der Nase deren Geruch so lange auf, bis „er sie welkgerochen hatte"[3] . In dieser Nacht verspürte er zum ersten Mal in seinem Leben „Was Glück sei [...]"[4] .Der Ursprung seiner Morde, ist also das Mädchen vom erstem September, aber was motivierte ihn? Wie oben aus dem Zitat deutlich wird, war er kein ansehnlicher Mensch, und das Volk missachtet ihn. Es ignorierte ihn scheinbar vollkommen. Er bemerkt, dass er geruchslos ist. Die Menschen riechen ihn einfach nicht, und das ist auch der Grund, wieso ihn jeder übergeht. Aufgrund seines fehlenden Geruches und des neu entdeckten Geruchs, dem des Mädchens, plant er, ein Parfüm zu kreieren, das all die Düfte und Nuancen enthält, welches die Ganzheit, die Bevölkerung betören kann. Er ist also angetrieben von einer Idee. Angetrieben von seiner Genialität und dem Wissen, dass er der Einzige ist, der jemals so etwas kreieren kann. An jenem Tag an dem er in Grass ankam, dem Rom der Düfte, vernahm er einen Geruch „wie er ihn in seinem Leben noch nicht – oder nur ein einziges Mal in die Nase bekommen hatte"[5] , der Geruch eines jungen Mädchens, wie in der Nacht in Paris. Er folgte ihr und als er sie sah beschrieb er sie mit seiner Nase: „Diese fast noch geschlossene Blüte [...] duftet schon jetzt so haarsträubend himmlisch"[6]. Durch ihren Geruch wird ihm deutlich, dass er sich die Techniken aneignen muss wie man Gerüche aus Lebewesen trennt und einfängt. Er lässt sich für das erlernen

---

[2] Patrick Süskind, "Das Parfum-Die Geschichte eines Mörders", Diogenes Verlag AG Zürich, 1994, S. 304.
[3] Süskind, a.a.O. , S. 56.
[4] Süskind a.a.O. , S. 57
[5] Süskind a.a.O. , S. 214.
[6] Süskind a.a.O. , S. 217.

zwei Jahre lang Zeit, so lange bis das Mädchen in Grass, Laure reif genug ist um ihren Duft vollkommen auszuschöpfen. Durch eine Gesellenstelle erlernt er zügig die aufwändige Methode der „kalten Enfleurage". Natürlich musste er das sich Beigebrachte auch in der Praxis üben, und daher ermordete er „vierundzwanzig der schönsten Jungfrauen aus allen Schichten"[7]. Für Grasse war es eine mehr als große Herausforderung den Täter zu fassen, denn die Frauen waren zwar alle nackt und geschoren jedoch unberührt. Es gab also keine Sexuellen Motive und auch kurzzeitige rassistische Vermutungen wie Zigeuner oder Juden entpuppten sich als nicht standfest. Nach jahrelanger Übung bereitete Grenouille mit äußerster Sorgfalt und Präzision seine Präparate für die „kalte Enfleurage" an Laure vor. Nach dem Akt des Umbringens und dem sechsstündigem Warten bis der Prozess der Methode vorbei ist sieht er sich am „Ziel seiner Wünsche"[8]. Für sich selbst ist er „ein wirklich begnadetes Individuum"[9]. Sein Glück hält aber nicht lange an, da er kurz nach seiner Tat gefasst wird, und am 15. April 1766 zum Tode verurteilt wird. Er soll bei lebendigem Leibe innerhalb von vierundzwanzig Stunden gekreuzigt werden. Der Tag seiner Hinrichtung gleicht eher einem Jahrmarkt. Der Hinrichtungsplatz ist überfüllt mit schaulustigen Menschen die von ihm angewidert sind. Doch dann öffnet Grenouille sein durch Laure fertiggestelltes Parfum und tröpfelt es auf sich und auf einmal wissen die Menschen nicht mehr wieso er der Mörder sein soll und es entwickelt sich hin zu einem Gefühl der Liebe hin zu erotischen Fantasien sich selbst gegenüber und den anderen. Die Menschen begingen Orgien miteinander. Grenouille kann diese Situation nutzen um zu entkommen. Für Grenouille ist dies, der „größte Triumph seines Lebens"[10] und er spricht davon eine „prometheische Tat vollbracht"[11] zuhaben.

Seine Motivation bestand ja eigentlich darin, die Menschen zu täuschen und aus ihm einen ansehnlichen Mann zu machen. Doch nun ist Grenouille an seinem großen Tag unzufrieden mit dem, was er selbst geschaffen hat. Denn nur er weiß, wie genial er ist und nur er weiß, dass die Menschen ihn nur wegen seines Duftes lieben. Deswegen begibt er sich auf die Reise zurück nach Paris. Dem Ursprung seiner Reise. Dem Ursprung seiner Motivation. Und genau dort, am Cimentière des Innocents, der stinkende Schutthalde des Todes zückt er sein Fläschchen aus der Tasche, entkorkt es und überschüttet sich vollkommen mit seinem Zaubertrank. Das umherlaufende Gesindel strömt zu ihm und „wie die Hyänen

---

[7] Süskind, a.a.O. , S. 252.
[8] Süskind, a.a.O. , S. 278.
[9] Süskind, ebd.
[10] Süskind, a.a.O. S. 304.
[11] Süskind, ebd.

fielen sie über ihn her"[12], um in einem Akt des Kannibalismus den Engel aufzufressen. Zurück bleiben das Gesindel ohne schlechtes Gewissen und ein toter Grenouille.

3.2 Charles Miles Manson

Charles Miles Manson, einer der berühmtesten Mörder der Geschichte. Er wurde am zwölften Dezember 1934 in Ohio als uneheliches Kind der sechzehnjährigen Prostituierten Kathleen Madoxx zur Welt gebracht. Ohne Vater und Mutter wuchs er bei seiner Tante sowie in diversen Erziehungsheimen auf. „Im Alter von 13 Jahren überfiel er zwei Lebensmittelgeschäfte und ein Spielkasino. Er wurde gefasst und in eine Besserungsanstalt gebracht, aus der er, innerhalb von drei Jahren achtzehnmal ausbrechen wollte."[13] Mit sechzehn wurde er erneut bei einer Straftat erwischt. Er bekam seine erste Haftstrafe wegen Autodiebstahl und wurde im Gefängnis auf brutale Art und Weise gequält und sexuell missbraucht. Nach seiner Freilassung lernte er Rosalie Jean Willis kennen und heiratet sie nach kurzer Zeit. Die beiden bekommen einen gemeinsamen Sohn, Charles Manson Junior. Daraufhin nahm er eine Arbeit als Parkplatzwächter an, jedoch nur, um die Chance zu haben, Autos zu stehlen. Dies brachte ihn erneut ins Gefängnis. Nachdem er 1985 auf Bewährung freigelassen wurde, zerbrach das junge Familienglück, und das Paar trennte sich. Kurze Zeit später gründete er in San Francisco seine eigene Kommune die sogenannte „Manson Family". Um die circa hundert Mitglieder an sich zu binden, setzte er sie unter Drogen. Konsumiert wurden vor allem Halluzigonen. (LSD,Cannabis,Speed) Darüber hinaus hatte er mit ihnen „ regelmäßig perversen, masochistischen Sex, oder lies dies untereinander tun" [14]

Durch die Kommune lernte er ein Mitglied der Beach Boys kennen, Dennis Wilson. Der Sänger wollte Manson als Musiker populär machen was ihm allerdings misslang da Plattenfirmen und Musikproduzenten ihn als" zu untalentiert einstuften"[15]. Aufgrund religiöser Ansichten schickte Manson sieben seiner Anhänger am 9. August 1969 zu dem Haus des weltberühmten Regisseur Roman Polanski. Doch statt Polanski waren an jenem Abend

---

[12] Süskind, a.a.O. , S.319.
[13] Josip Lasic, „Serienkiller als Phänomen der Popkultur, Von Ed Gein bis Charles Manson", GRIN Verlag, München, 2009, S. 6.
[14] Lasic, a.a.O. , S. 7.
[15] Carol Greene, „Der Fall des Charles Manson. Mörder aus der Retorte", Dr. Böttiger Verlags GMBH, Wiesbaden-Nordenstadt, 1992, S.39.

nur seine Frau und einige ihrer Freunde im Hause. Die „Manson Family" tötete ohne Skrupel alle vier Freunde und zuletzt auch Polanskis Frau, Sharon Tate. Sharon Tate, die im achten Monat schwanger war, flehte die „Family" an sie um ihres Kindes willen nicht zu töten. Der Kommune war dies allerdings egal, sie ermordeten sie mit sechzehn Messerstichen und schrieben anschließend mit ihrem Blut „Pig" also Schwein, an ihre Haustür. Einen Abend später war Charles Manson selbst mit dabei, als sie einen Supermarkt überfielen und die Besitzer mit Messerstichen töteten. Die Polizei fasste die „Manson Family" schnell und verurteilte einige Mitglieder und ihren Anführer zur Todesstrafe. Allerdings wurde diese nie vollzogen, da ein Jahr später die Todesstrafe in Kalifornien abgeschafft wurde. Die Strafe verwandelte sich somit automatisch in eine lebenslange Inhaftierung. Bis heute ist Manson in dem Corcoran State Prison arretiert.

3.2 Jack the Ripper

Jack the Ripper, ein Mann, über den ich in dieser Facharbeit keine Biographie schreiben kann wie über Charles Manson oder Grenouille. Warum? Weil Jack the Ripper nur ein Pseudonym für einen Serienmörder ist. Er und seine Ripper-Morde sind Legende, aber niemand weiß und wird jemals wissen, wer er wirklich war, über seine Identität lässt sich nur spekulieren.

Jack the Ripper mit dem schwarzem Cape und dem schwarzem Zylinder ermordete zwischen August und November 1888 im East End von London fünf Frauen auf brutalste Art und Weise. Diese Frauen, die alle der Prostitution nachgingen, wurden auch die „ kanonischen Fünf" (vgl.dem Bild 1) genannt.

Die "kanonischen Fünf":

Mary Ann Nichols
Bekannt auch unter dem Namen Polly Nichols
Ermordet am Freitag, den 31. August 1888 in der Buck's Row

Annie Chapman
Bekannt auch unter den Namen Dark Annie, Annie Siffey, Sivvey oder Sievey
Ermordet am Samstag, den 8. September 1888 in der Hanbury Street

Elizabeth Stride
Bekannt auch unter den Namen Long Liz , Hippy Lip Annie
Ermordet am Sonntag, den 30. September 1888 im Dutfield's Yard, Berner Street

Catherine Eddowes
Bekannt auch unter dem Namen Kate Kelly
Ermordet ebenfalls am Sonntag, den 30. September 1888 im Mitre Square

Mary Jane Kelly
Bekannt auch unter den Namen Marie Jeanette Kelly, Mary Ann Kelly, Ginger
Ermordet am Freitag, den 9. November 1888 im Miller's Court #13, 26 Dorset Street

(Bild 1)

Jack the Ripper wurden noch eine Reihe weiterer Morde angehängt, welche aber nie bestätigt wurden. „Da jedes der Opfer am Wochenende oder einem Feiertag umgebracht wurde, kann man davon ausgehen, dass es sich beim Ripper um eine berufstätige Person gehandelt haben muss."[16] Abgesehen von dem letzten Opfer, Mary Jane Kelly, wurden alle auf öffentlicher Straße getötet und zur Schau gestellt. Er schnitt ihnen die Kehle sowie den Unterleib auf. Mary dagegen wurde in einem geschlossenen Raum ums Leben gebracht, und Jack the Ripper sezierte sie. Er holte viele ihrer Organe heraus und legte sie anschließend neben die Leiche. „ Was von der Bewohnerin des Zimmers übrig war, hatte mit einem Menschen nichts mehr zu tun."[17]

Die Waffe war jedes Mal ein Messer, aufgrund der Verletzungen an den Körpern muss der Täter rudimentäre anatomische Kenntnisse besessen haben oder in dem Umgang mit Messern sehr geübt gewesen sein. Dieser Hinweis schränkt den Täterkreis ein, so dass nur noch beispielsweise Friseure, Metzger oder Ärzte in Frage in Frage kommen. Trotzdem ist der Kreis der Verdächtigen nicht gerade gering: insgesamt kommen 15 Täter in Betracht.

„Bei den Londoner Polizeistationen und den ansässigen Tageszeitungen trafen hunderte von Briefen ein, die vorgaben vom Ripper zu sein. Lediglich drei dieser angeblichen Bekennerschreiben werden als " authentisch " betrachtet."[18]

Der „Dear Boss" Brief (vgl. Bild 2) ist der bekannteste unter den dreien, obwohl ihm am Anfang keine Beachtung geschenkt wurde da man vermutete, dass er von einem Scherzbold und nicht dem echtem Ripper verfasst wurde.

---

[16] http://www.jacktheripper.de/opfer/
[17] Charlotte u. Alan Lyne, „Who is Jack the Ripper – Wer ist Jack the Ripper", Langenscheidt, 2009, Berlin/München, S. 145.
[18] http://www.jacktheripper.de/briefe/

25. Sept. 1888.

Dear Boss

I keep on hearing the police have caught me but they wont fix me just yet. I have laughed when they look so clever and talk about being on the right track. That joke about Leather apron gave me real fits. I am down on whores and I shant quit ripping them till I do get buckled. Grand work the last job was. I gave the lady no time to squeal. How can they catch me now. I love my work and want to start again. You will soon hear of me with my funny little games. I saved some of the proper red stuff in a ginger beer bottle over the last job to write with but it went thick like glue and I cant use it. Red ink is fit enough I hope ha ha. The next job I do I shall clip the ladys ears off and send to the

(Bild 2)

10

4 Der Vergleich von Grenouille, Manson und Jack the Ripper

Grenouille, Jack the Ripper und Charles Miles Manson, drei Menschen, alle männlich und alle waren zwischen 20 und 40 Jahre, als sie ihre Opfer töteten. Auf den ersten Blick scheint es schwer diese 3 Männer miteinander zu vergleichen nicht nur, weil Grenouille eine fiktive Person ist sondern auch weil die Identität um Jack the Ripper ungeklärt ist und es somit weder Klarheit über seine Kindheit noch über seine Tatmotive gibt.

Dennoch möchte ich diese drei miteinander vergleichen um zu zeigen, dass sie sich vielleicht doch mehr ähneln als es den Anschein hat.

Zuerst werde ich auf die Gemeinsamkeiten zwischen Grenouille und Jack the Ripper eingehen, danach auf die zwischen Grenouille und Charles Manson und dann werde ich die drei noch einmal im Hinblick auf ihre Tatmotiven vergleichen.

Grenouille und Jack the Ripper sind beide Personen, die in ihrer Umgebung nicht auffallen. Sie sind unscheinbar und es interessiert sich auch keiner für sie. Grenouille wird nichteinmal akzeptiert von der Gesellschaft, sondern nur verstoßen und missachtet. Grenouille kann an den Menschen vorbeilaufen ohne das er auffällt, er kann eine junge Frau töten ohne das er auffällt. Genauso Jack the Ripper. Er hat es geschafft innerhalb einer Stunde zwei Frauen an unterschiedlichen Orten zu töten obwohl 2000 Beamte im Dienst waren. Trotzdem war bei beiden Vorsicht immer groß geschrieben.

Desweiteren töteten die beiden ihre Opfer nicht, ohne zu wissen, wie sie töten und ohne zu wissen, wie man mit den Mordwaffen umgeht. Jack the Ripper besaß anatomisches und chirugisches Wissen und konnte daher seine Opfer so genau und ordentlich sezieren. Außerdem wird vermutet das er Metzger oder Friseur war, im Umgang mit Messern war er also geübt, und das töten mit dem Messer war kein neues Terrain für ihn. Grenouille ist gelernter Parfümeur und hat sich extra für das Töten die Methode der „kalten Enfleurage" angeeignet, um den Duft der Mädchen extrahieren zu können. Er tötete also auch mit einer genauen Vorstellung von dem was er da tut. Eine weitere Gemeinsamkeit zwischen Jack und Grenouille ist, dass beide nach ihren ersten Morden unvorsichtiger und gieriger wurden. Grenouille tötete Laure in ihrem Zimmer, obwohl sich ihr Vater sowie eine Zofe in unmittelbarer Nähe befanden, und auch Jack the Ripper tötete zwei Frauen innerhalb einer Stunde, obwohl die Chance gefasst zu werden enorm anstieg.

Zwischen Charles Manson und Grenouille gibt es nicht sehr viele Gemeinsamkeiten, aber es gibt eine die ist wohl die größte und auch wichtigste ist. Grenouille und auch Manson hatten eine äußerst schwere Kindheit und beide wurden von Geburt an von ihrer Mutter verstoßen. Sie wuchsen beide ohne elterliche Liebe auf. Oft wird vermutet, dass Serienmörder sich deswegen so negativ entwickeln, da es eine fehlende Mutterbeziehung und eine fehlende Vaterfigur in dem Leben des Mörders gibt. Zudem werden beide mit zwölf beziehungsweise 13 Jahren das erste Mal straffällig und beide wurden erst nach längerer Zeit wieder rückfällig.

Die Tatmotive sagen über den Mörder meist am meisten aus. Und auch hier finden sich indirekt einige Gemeinsamkeiten. Das Tatmotiv von Jack the Ripper ist auf Grund seiner nicht Identität unbekannt. Grenouille tötet für den absoluten Duft der ihn liebenswert machen soll. Die Gesellschaft soll ihn durch diesen Duft akzeptieren. Manson hingegen tötet als Zeichen dafür, das er Macht über andere hat und aufgrund seiner religiösen Ansichten. Die Gemeinsamkeit der drei besteht jetzt darin, dass alle vermutlich einen hohen IQ gehabt haben müssen. Denn Manson schafft es, seine circa hundert Anhänger glauben zu lassen, er sei die Wiedergeburt von Jesus Christus. Grenouille ist bereits im Alter von drei Jahren in der Lage, die Gerüche, die er wahrnimmt systematisch in seinem Kopf speichern und auch abrufen zu können. Jack the Ripper hingegen seziert mit äußerster Sorgfalt und hat es geschafft, so geschickt zu morden, dass er trotz etlicher Hinweise und Tips niemals gefasst wurde.

5 Faszination Serienmörder

Charles Manson, Jack the Ripper, Jeffrey Dahmer, Ted Bundy und Dennis Nilsen sind nur eine kleine Aufzählung von Serienmördern, welche durch ihre brutale Art und Weise Menschen zu töten enorme Berühmtheit erlangt haben. Und verrückterweise wird genau diesen Personen in Büchern, Songs, Filmen und sogar Videospielen gehuldigt. Marilyn Manson, ein weltberühmter Sänger und ursprünglich geboren als Brian Hugh Warner nimmt den Namen Marylin Manson an. Der „Nachname" Manson kommt von Charles Manson, er vergöttert ihn und seine Musik ist oftmals durch ihn inspiriert. Die bekannte Rockband My Chemical Romance aus New Jersey nennt einen ihrer berühmtesten Songs „Jack the Ripper". Und sogar auf dem populärsten Internet-Netzwerk, Facebook, gibt es Fan Pages für Jack the Ripper und Charles Manson mit mehr als Tausenden von Fans.

Die Frage die sich stellt ist, was interessiert und fasziniert die Menschen so sehr an Serienkillern?

Die „Manson Family" galt als Wegbereiter der New Age Bewegung. „Sie beschäftigen sich mit spirituellem und okkultem und experimentieren mit bewusstseinserweiternden Drogen herum."[19] Es war aber wohl auch eine Art Grusel, dass in der Welt von Hollywood, der Schönen und Reichen eine Bestie wie Charles Manson lauert. Stars wie Sharon Tate, die unsterblich wirken, können auf einmal getötet werden und die Beach Boys, die damalige Teenie-Idol Band gibt sich mit einem Mörder ab und macht Musik mit ihm.

Ein weiterer Grund für die Faszination an Serienkillern ist die mit ihnen verbundene Identifikation.

Die meisten von uns haben Aggressionen oder sadistische Fantasien, das auch so lange in Ordnung ist, wenn es Fantasie bleibt. Wir „normale" Menschen sind gut erzogen und können und dürfen Fantasien nicht ausleben. Floskeln wie, ich könnte dich töten, sind im übertragenem Sinn zwar ernst gemeint, aber umsetzten wird es niemand. Wir halten uns an die Gesellschaftlichen Normen und Grenzen.

Der Serienkiller hingegen lebt in einer anderen Welt. Seine Welt ist ohne Normen und Grenzen. Er lebt seine Fantasien und sadistischen Gedanken aus. Und genau das weckt das

---

[19] Lasic, a.a.O. , S. 10.

Interesse in uns und manchmal auch den Neid. Denn wenn wir nicht die Grenze über-schreiten können und anfühlen können, wie es sich anfühlt, macht es halt ein Serienkiller für uns, und wir lesen dann abends in unserem Bett „das Parfum" und können uns mit Grenouille identifizieren ohne selbst kriminell zu werden.

6 Fazit

Abschließend lässt sich sagen, dass wohl jeder der drei Mörder für sich unterschiedlich ist und angetrieben ist von einer persönlichen, individuellen Motivation. Und es kann auch passieren, dass man am Ende seiner Ziele, so wie Grenouille, erkennt, dass man mit dem was man geschaffen hat nicht zufrieden ist und es sich vielleicht nicht gelohnt hat. Trotz-dem habe ich in meiner Facharbeit herausgefunden, dass auch diese drei vollkommen un-terschiedlichen Personen Gemeinsamkeiten haben. Charles Manson und Grenouille leiden beide unter einer schwierigen Kindheit und sind ohne Mutter und Vater aufgewachsen. Aufgrund ihrer Art der Vorgehensweise beim Töten konnte ich den persönlichen Ent-schluss ziehen, dass die drei einen vermutlich hohen IQ gehabt haben müssen.

Zusammenfassend kann ich für mich persönlich nach der Zeit des Recherchierens, des Auswertens und Analysierens sagen, dass diese Facharbeit mir viel Freude gemacht hat und es sehr interessant war die einzelnen Serienmörder genauer zu untersuchen. Zu Beginn kannte ich Grenouille, Charles Manson und Jack the Ripper nur oberflächlich und es hat mich oft überrascht wie viel hinter diesen Mördern steckt. Vor allem die Motivation von Grenouille und Manson haben mich sehr überrascht und fasziniert. Aber auch die Tatsache, dass man es trotz höchster Technologie und großem Aufwand nicht geschafft hat Jack the Ripper zu finden.

7 Quellen-/ Literaturverzeichnis

Bildverzeichnis

Bild 1 : http://www.jacktheripper.de/opfer/ ; 20.2.2012.

Bild 2 : http://www.jacktheripper.de/images/briefe/dearboss/dearboss_01.jpg ; 21.2.2012.

Literaturverzeichnis

Patrick Süskind, „Das Parfum – Die Geschichte eines Mörders", Diogenes Verlag Ag Zürich, 1994.

Josip Lasic, „Serienkiller als Phänomen der Populärkultur – Von Ed Gein bis Charles Manson", GRIN Verlag, München, 2009.

Charlotte u. Alan Lyne, „Who is Jack the Ripper – Wer ist Jack the Ripper", Langenscheidt, Berlin/München, 2009.

Carol Greene, „Der Fall des Charles Manson. Mörder aus der Retorte", Dr. Böttiger Verlags GMBH, Wiesbaden-Nordenstadt, 1992.

Simon Wells, „Charles Manson: A Chilling Biography: Coming Down Fast", Hodder&Stoughton, Great Britain, 2010.

Quellenverzeichnis

http://serien-killer.com/index.html

http://de.wikipedia.org/wiki/Massenmord

http://www.planet-wissen.de/

http://www.planet-wissen.de/laender_leute/grossbritannien/britische_schauergeschichten/gb_schauer_jack.jsp

http://www.planet-wissen.de/politik_geschichte/verbrechen/serienmoerder/index.jsp

15

http://www.planet-
wissen.de/laender_leute/grossbritannien/britische_schauergeschichten/index.jsp

http://www.wdr.de/Fotostrecken/planet-
wissen/politik_geschichte/serienmoerder.jsp?hi=Politik/Geschichte

http://www.dieterwunderlich.de/

http://www.dieterwunderlich.de/Charles_Manson.htm

http://www.dieterwunderlich.de/Jack_Ripper.htm

http://www.dieterwunderlich.de/Hughes_hell.htm

http://www.e-hausaufgaben.de/Facharbeiten/D29-Serienmoerder-Das-Parfuem-von-
Patrick-Suesskind-Grenouille-Facharbeit.php

http://www.spiegel.de/panorama/justiz/0,1518,547754,00.html

http://www.serienmorde.de/

http://www.facebook.com/

http://www.facebook.com/pages/Charles-Manson/109660162393393

http://www.facebook.com/pages/Jack-The-Ripper/202567276448433

http://www.plyrics.com/lyrics/mychemicalromance/jacktheripper.html

http://de.wikipedia.org/wiki/Marilyn_Manson